—CÓMO SER LIBRES DE CULPA, RESENTIMIENTOS Y LAS MALAS MEMORIAS DEL PASADO, PARA VOLVER A SOÑAR Y RETOMAR LA VISIÓN Y EL RUMBO QUE DIOS TIENE PARA NUESTRAS VIDAS.

GRAN
EXPECTACIÓN
de COSAS
BUENAS
JA PÉREZ

Gran Expectación de Cosas Buenas
Cómo ser libres de culpa, resentimientos y las malas memorias del pasado, para volver a soñar y retomar la visión y el rumbo que Dios tiene para nuestras vidas.

Keen Sight Books

Puede encontrarnos en la red en: www.KeenSightBooks.com
Reportar errores de imprenta a errata@keensightbooks.com

ISBN: 978-0692595190

Printed in the U.S.A.

dedicatoria

Este libro es dedicado a todo aquel que ha sufrido los estragos de la culpabilidad. Lo pongo en tus manos creyendo que Dios usará los principios de su palabra aquí escritos para deshacer esas tinieblas y traerte a su luz y seguridad.

Lee amigo o amiga... tu libertad está cerca.

agradecimientos

A mi Dios, por todo. A mi esposa e hijos, quienes pacientemente me prestan de su tiempo para escribir. A mi equipo por su ardua labor en todo trabajo literario. A mi madre por su ayuda en las correcciones al manuscrito. A Link, nuestro hermoso gato que fielmente me acompaña mientras escribo.

Contenido

Parte I

Los Ladrones: Agentes que te roban la expectación de cosas buenas.

Parte II

Renovando el entendimiento.

Dios no está enojado contigo.

Porque yo sé los pensamientos que tengo acerca de vosotros, dice Jehová, pensamientos de paz, y no de mal, para daros el fin que esperáis. Jeremías 29:11

PARTE I

Los Ladrones: Agentes que te roban la
expectación de cosas buenas.

1

CONCIENCIA DE PECADO

Si te sientes culpable y crees que no te mereces algo bueno pues has desobedecido a Dios, ya sea por esa falta que cometiste recientemente o mucho tiempo atrás la cual te persigue, y te quita la paz, y te hace creer que no puedes esperar nada de parte de Dios pues ÉL seguramente estará enojado contigo...

Si continuamente luchas con la memoria de ese pecado cometido que te atrapa y te hace creer que acercarte a Dios y recibir de ÉL está fuera del regnum de posibilidades.

Entonces, este libro es para ti.

Estoy seguro que Dios tiene buenos planes contigo y que lo mejor de tu vida en cuanto a tu relación con Dios, todavía no ha sucedido.

También creo que su plan para contigo incluye darte paz y seguridad interior. Él quiere renovar tu espíritu, sanarte, y ponerte en una posición donde de nuevo puedas soñar. Donde puedas recobrar o desarrollar esa fresca visión del futuro y comiences diariamente a tener en tu vida una gran expectación de cosas buenas.

Comenzaremos este camino a la libertad entendiendo este inicial y sencillo principio:

🗨 Para ser libres del problema del pecado, debemos entender que el pecado es un problema resuelto.

Sí. La obediencia trae buenos frutos.

La obediencia es buena y resulta en buenos dividendos, pero tu obediencia no es suficiente para librarte de los efectos del pecado. Es decir, portándote bien jamás tendrás completa paz.

De la misma manera tu obediencia no te puede salvar[1], pues si tu obediencia fuera suficiente para salvarte, Cristo no hubiera haber tenido que ir a la Cruz.

La Biblia enseña que fue por la obediencia de Cristo que fuimos salvos.

Porque así como por la desobediencia de un hombre los muchos fueron constituidos pecadores, así también por la obediencia de uno, los muchos serán constituidos justos. Romanos 5:19

Note que **justicia** vino por la *"obediencia de uno"* es decir *"de Cristo"*.

Observe el siguiente texto:

...y estando en la condición de hombre, se humilló a sí mismo, haciéndose obediente hasta la muerte, y muerte de cruz Fil 2:8

Cristo fue *"obediente hasta la muerte"* y su perfecta obediencia pudo satisfacer al Padre.

ES POR SU OBEDIENCIA QUE SOMOS JUSTIFICADOS

Entonces, no importa que no me merezca algo bueno de parte de Dios, de todas formas, Cristo sí lo merece, y ÉL lo conquistó para pasarmelo a mi.

Así que, yo sencillamente lo recibo, y Dios se complace en que yo lo reciba, pues al recibir algo que no merezco, esto trae agradecimiento a mi corazón.

Amo más porque me ha sido perdonado más.

...mas aquel a quien se le perdona poco, poco ama. Lucas 7:47

🐟 La ley de Moisés te mantenía *"sintiéndote pecador"*.

Los continuos sacrificios no eran lo suficiente para aplacar esa conciencia. Tendría que venir un perfecto sacrificio para que de una vez y por todas resolviese ese problema, pues al ser "limpios una vez" ya deja de existir esa conciencia de pecado.

Veamos el texto:

De otra manera cesarían de ofrecerse, pues los que tributan este culto, limpios una vez,

> *no tendrían ya más conciencia de pecado.*
> *Hebreos 10:2*

💬 El sacrificio de Cristo en la Cruz, limpió nuestra conciencia de una vez.

> *...pero Cristo, habiendo ofrecido una vez para siempre un solo sacrificio por los pecados, se ha sentado a la diestra de Dios.*
> *Hebreos 10:12*

Note que dice: *"una vez para siempre un solo sacrificio por los pecados"*. Es decir, su *"único"* sacrificio fue suficiente para quitar el problema del pecado.

Si no conocemos esto, continuaremos arrepintiéndonos y culpándonos por algo que ya Dios resolvió hace 2000 años. Siempre estarás pensando en tu pecado, aunque ya no esté ahí.

Conciencia de pecado nos interrumpe creer que Dios tiene buenas cosas para nosotros.

Debemos tener un cambio de mentalidad. Ya hemos sido limpiados y tenemos que vernos limpios[2] para poder creer que Dios tiene buen favor para con nosotros.

2

EXPECTACIÓN DE CASTIGO

Cuando estaba pequeño siempre me amenazaban con la frase: *"Dios te va a castigar... si te portas mal, Dios te va a castigar"*.

Mis antepasados eran gente muy religiosa, y la religión *(por el hecho de que está basada en legalismo)* presenta a Dios como un ser enojado, esperando que desobedezcas en algo para dejar salir su enojo sobre ti.

¿Ha conocido usted a una de esas personas histéricas y amargadas que explotan por cualquier motivo por pequeño que sea y con el tiempo la gente no se le puede acercar?

Así me imaginaba a Dios.

Yo crecí con mentalidad de castigo. De pequeño era un niño muy travieso *(de esos que siempre están inventando algo)*, y como siempre estaba haciendo travesuras *(impulso que no podía contener)*, pues siempre viví esperando que Dios me iba a castigar.

🗩 Cuando tienes mentalidad de castigo, no puedes recibir cosas buenas, pues crees que no te las mereces.

(Más sobre esto en el capítulo "Expectación de Castigo").

El sistema religioso reposa sobre una teología confundida que liga principios de ley y gracia. Y estos dos pactos no se pueden ligar, pues uno reemplazó completamente al otro.

> *Al decir: Nuevo pacto, ha dado por viejo al primero; y lo que se da por viejo y se envejece, está próximo a desaparecer. Hebreos 8:13*

> *...a Jesús el Mediador del nuevo pacto, y a la sangre rociada que habla mejor que la de Abel. Hebreos 12:24*

Bajo la ley el hombre debía pagar por su desobediencia.

El concepto de penitencias es basado en ley, entonces cuando haces algo, no tendrás tranquilidad hasta que no hayas pagado por lo que hiciste.

Esto es completamente opuesto a las doctrinas de gracia, pues si Cristo tomó nuestro lugar en la cruz y pagó por mi desobediencia, entonces esto quiere decir que ya yo no tengo que pagarlo. Es una cuenta saldada.

En este libro vamos a aprender a recibir paz y reposo a la medida que entendemos el valor de la perfecta obra de Cristo consumada en la cruz.

NO, DIOS NO ESTÁ ENOJADO

Es cierto que el pecado produce ira, y sí, Dios es Dios de juicio. Sin embargo, nadie jamás pudo satisfacer la demanda de esa ira.

Los sacrificios que hacía el sacerdote bajo la ley de Moisés, no podían resolver el problema, pues las víctimas eran animales imperfectos.

Esto es lo que el escritor de Hebreos dice acerca de la efectividad de esos sacrificios:

> *Lo cual es símbolo para el tiempo presente, según el cual se presentan ofrendas y sacrificios que no pueden hacer perfecto, en cuanto a la conciencia, al que practica ese culto... Hebreos 9:9*

Dice que esos sacrificios no podían hacer *"perfecto en cuanto a la conciencia"* a los que lo practicaban.

Los rituales, ceremonias y prácticas religiosas te dejarán igual... culpable y con sucia conciencia.

Debemos reconocer y admirar el perfecto sacrificio de Cristo en la cruz, el cual fue suficiente para aplacar la ira del Padre.

Su ira fue vertida sobre su propio hijo en lugar nuestro.

El nos libró de su propia ira.

> *....el castigo de nuestra paz fue sobre él... Isaías 53:5*

🗩 Cristo fue castigado en tu lugar... no esperes castigo, ya eso sucedió... HOY espera cosas buenas.

Por eso podemos estar tranquilos... Dios no está enojado con nosotros.

3

SENTIMIENTO DE CULPA

Ambos puntos mencionados anteriormente producen un sentimiento que puede ser mortal y este es el *"Sentimiento de Culpa[3]"*.

Ya sea *1- Conciencia de pecado,* o *2- Expectación de castigo,* ambos producen este letal sentimiento, y digo *"sentimiento"* pues aunque ya no eres *"culpable"* *(pues Cristo llevó tu culpa),* si no lo entiendes, aunque esa culpa no esté ahí *(ha sido quitada),* el solo hecho de tener ese *"sentimiento"* produce los daños de igual manera como si la culpa fuese real y pagarás una condena de la cual *El Juez* ya te ha absuelto.

Pablo nos da dos textos que nos aseguran libertad de este letal sentimiento:

> *Bienaventurado el varón a quien el Señor no inculpa de pecado. Romanos 4:8*

> *Pues antes de la ley, había pecado en el*

> *mundo; pero donde no hay ley, no se inculpa*
> *de pecado. Romanos 5:13*

DOS COSAS A NOTAR:

1- Si Cristo murió para quitar tu pecado[4], y ya este fue quitado, entonces *"no eres inculpado"* o sea *"no eres hallado culpable"*, y esto es una bienaventuranza *(bendición)* que debes recibir.

2- Lo que mantenía la culpa de tus pecados viva era *"la ley"* y esta ley ya caducó[5]. Entonces al no haber ley, no se te puede encontrar culpable, por lo tanto *"eres libre"*.

PARTE 2

Renovando el entendimiento.

4

LIBRES DE LA CONTINUA REPETICIÓN DE FALLO

Las malas experiencias del pasado tienden a perpetuar en nuestra mente la idea de que en determinado momento regresarán. He oído a personas decir: *"Siempre me ha ido mal..."* entonces se acostumbró a esa idea y salir de ese tipo de pensamiento es clave para entrar en una mentalidad de *"Gran Expectación de Cosas Buenas"*.

Debemos romper paradigmas. Los esquemas que ha dibujado nuestra mente a causa de la continua repetición de fallo.

> *No os conforméis a este siglo, sino transformaos por medio de la renovación de vuestro entendimiento, para que comprobéis cuál sea la buena voluntad de Dios, agradable y perfecta. Romanos 12:2*

El Apóstol Pablo nos entrega en ese texto la fórmula. Veámosla en detalles.

1- NO OS CONFORMÉIS A ESTE SIGLO

Debemos de salir de la zona de conformismo. Renunciar a la mediocridad y querer algo mejor en todo lo que tiene que ver con nuestra mente.

No nos adaptemos a este siglo "sistema de cosas". No nos conformemos a (nos hagamos como) todo lo que vemos a nuestro alrededor.

2- TRANSFORMAOS POR MEDIO DE LA RENOVACIÓN DE VUESTRO ENTENDIMIENTO

Para salir de los moldes de derrota que nuestra mente ha creado *(por causa de la continua repetición de fallo)*, debemos someternos a una transformación.

La religión ha intentado apaciguar los impulsos destructivos de nuestra mente por medio de rituales, o prácticas de mal trato del cuerpo o abstención de alimentos[6], etc... sin embargo, aparte de no tener apoyo bíblico en este nuevo pacto, el éxito a tener paz mental por medio de dichas prácticas es inexistente.

Veamos el texto anterior:

Así que, hermanos, os ruego por las misericordias de Dios, que presentéis vuestros cuerpos en sacrificio vivo, santo, agradable a Dios, que es vuestro culto racional. Romanos 12:1

Note, que sacrificio vivo, de acuerdo a Pablo, es un culto racional, o sea, con la mente.

LA RENOVACIÓN OCURRE EN EL ENTENDIMIENTO

Pablo dice más adelante en el mismo libro de Romanos *"Con mi mente sirvo a la ley de Dios"* *(Rom 7:25).*

Y de hecho, esa Ley de Dios, ha sido escrita en nuestra mente *(Heb 8:10; 10:16)*, lo que quiere decir que en nuestra mente se esconde toda posibilidad de transformarnos, de personas miedosas, nerviosas e infelices a personas seguras, tranquilas que caminan en el favor de Dios cada día.

🗨 Para vivir en una continua y *"gran expectación de cosas buenas"*, debemos transformar nuestra manera de pensar.

Ya establecimos que Dios tiene buenos planes para usted. Ahora necesitamos creerlo.

Dilo en voz alta: *"Dios tiene buenos planes para mí".*

5

EL ELEFANTE ATADO AL LADRILLO

Rompiendo la mentalidad de limitación.

El gran elefante en el circo es una majestuosa figura de poder y tamaño. El domador se ve diminuto y frágil a su lado, sin embargo, el elefante parece obedecerle y hacer su voluntad.

¿Cómo es esto posible?

El gigantesco animal tiene una pequeña cadenita que cuelga de su cuello, pero la cadenita solo está atada a un pequeño ladrillo, y eso es todo... nada le ata al suelo.

No siempre fue así.

Cuando el elefante era pequeño, le amarraron la cadenita en el cuello y esa estaba fuertemente atada al suelo. Cada vez que el pequeño elefante quería liberarse, enfrentaba la realidad de que estaba atado. Así creció. Su mente aceptó que no se podía ir más lejos que lo que le permitía el radio alrededor del punto donde la cadena se fijaba al suelo. El elefante conocía "sus limitaciones".

Al crecer, la cadena se desató del suelo y solo le pusieron un ladrillo al extremo. Solo un pequeño peso, para recordarle al elefante de su limitación.

Ya el hermoso animal, no intentará irse más allá del radio permitido. Y aunque es libre, su mente ya está acondicionada[7].

Así somos cuando no tenemos una mente renovada.

🗨 Somos libres, podemos disfrutar esa libertad, pero no lo sabemos. Todavía creemos que nuestra cadena está atada al suelo... y esa cadena está en tu mente.

Hoy, debemos creer en la libertad con que Cristo nos ha hecho libres.

> *Mas ahora que habéis sido libertados del pecado y hechos siervos de Dios Romanos 6:22*

> *Estad, pues, firmes en la libertad con que Cristo nos hizo libres, y no estéis otra vez sujetos al yugo de esclavitud. Gálatas 5:1*

Algo bueno va a suceder en tu vida. Créelo.

6

HOY ESPERA RECIBIR ALGO... "BUENO"

Todo milagro comienza con expectación.

Pedro y Juan subían juntos al templo a la hora novena, la de la oración. Y era traído un hombre cojo de nacimiento, a quien ponían cada día a la puerta del templo que se llama la Hermosa, para que pidiese limosna de los que entraban en el templo. Este, cuando vio a Pedro y a Juan que iban a entrar en el templo, les rogaba que le diesen limosna. Pedro, con Juan, fijando en él los ojos, le dijo: Míranos. Entonces él les estuvo atento, esperando recibir de ellos algo. Hch 3:1-5

ESPERANDO RECIBIR DE ELLOS ALGO

Esta es la frase con que termina el versículo cinco.

El cojo tenía *"expectación"*. Él sabía que tenía necesidad. Conocía la realidad de su problema económico, y aún más; sabía que su invalidez era la causa por la cual no podía desarrollar un oficio normal.

Cuando Pedro y Juan subían al templo, él vió la oportunidad de recibir una limosna *(una ayuda temporal)*, pero cuando Pedro le dijo míranos, este hombre inválido pudo ver en los ojos de Pedro que el bien que vendría de estos dos hombres de oración, era mucho mayor que una ayuda temporal.

En ese momento, la fe de este hombre cojo se activó. Tomó vida. Se hizo realidad, y esto es evidente cuando la palabra dice: *"estuvo atento"*, y no solo puso este hombre necesitado toda su atención en las acciones de Pedro y Juan; además continúa diciendo el texto... *"esperando recibir de ellos algo"*.

Ahí está la clave. Eso se llama expectación.

🗨 El cojo tenía expectación de que algo bueno iba a suceder, y es precisamente esta expectación lo que activa la fe.

La biblia dice que fe es: *"la certeza de lo que se espera" (Heb 11:1)*.

Esto quiere decir que *"esperar algo"* es una acción de fe.

La real academia de la lengua española nos da esta definición en cuanto a *"expectación"*:

Expectación: Espera, generalmente curiosa o tensa, de un acontecimiento que interesa o importa.

Tu esperas ese acontecimiento. Es algo que te interesa y necesitas. Esa expectación es honrada por la fe, y toda cosa buena que recibas de parte de Dios será por medio de la fe.

El capítulo once de Hebreos nos dice además que por esa fe, *"alcanzaron buen testimonio los antiguos"*.

También nos dice:

Por la fe entendemos haber sido constituido el universo por la palabra de Dios, de modo que lo que se ve fue hecho de lo que no se veía. Heb 11:3

Si la constitución del universo sucedió por medio de la fe, ¿cuánto más podrá esa fe producir respuesta buena para cualquiera que sea tu situación?

Y todo comienza con expectación.

Tenemos que aprender a esperar cosas buenas de parte de Dios, pues él tiene buenos planes para nuestra vida.

El resto de este relato nos muestra el resultado de la expectación del cojo.

Mas Pedro dijo: No tengo plata ni oro, pero lo que tengo te doy; en el nombre de Jesucristo de Nazaret, levántate y anda. Y tomándole por la mano derecha le levantó; y al momento se le afirmaron los pies y tobillos; y saltando, se puso en pie y anduvo; y entró con ellos en el templo, andando, y saltando, y alabando a Dios. Hch 3:6-8

Ahí está. La expectación del cojo activó su fe, y esto junto a la fe de Pedro y Juan, produjo el milagro.

Dios responde a fe y todo milagro comienza con expectación.

7

LIBRES DEL TEMOR DE MALAS NOTICIAS

Tu puedes vivir atemorizado de que algo malo te puede pasar, o puedes vivir libre del temor de malas noticias y con gran expectación de cosas buenas.

Para vivir libres del temor a malas noticias, debemos aprender a poner nuestra confianza el la palabra escrita.

> Aunque ande en valle de sombra de muerte, No temeré mal alguno, porque tú estarás conmigo. *Salmo 23:4*

> No tendrá temor de malas noticias; Su corazón está firme, confiado en Jehová. *Salmos 112:7*

Tu necesitas creer que Dios te da victoria en cualquier situación, antes de que esa situación aparezca.

En eso consiste estar confiado(a). Tu sabes que Dios está en control de tu vida.

El temor es tu peor enemigo. Tal es así, que este enemigo trabaja aun cuando no hay nada.

🗨 El miedo te hace sufrir por cosas que no existen. Algo que pudiera pasar, pero no pasa, y sufres por nada.

Y aun si algo malo llegara a pasar, ya el temor te hizo sufrir por adelantado, entonces sufres doble.

Esto no es saludable.

Entiendo que la vida nos ha dado sorpresas, y la mayor parte de nosotros hemos sido heridos de una manera u otra por algo inesperado que nos aconteció en el pasado. Haya sido la muerte repentina de un ser querido, el haber sido despedidos de un trabajo sin previo aviso, un accidente automovilístico, o cualquier otro evento que nos sorprendió y de cierta manera nos marcó en lo profundo de nuestro espíritu.

Es increible como funciona nuestra memoria al archivar estas experiencias desagradables, y cómo en el momento menos esperado, esas memorias se activan, ya sea para traer miedo o preocupación a nuestra vida.

A veces el ser expuesto a un perfume, un ruido, o cualquier otro detalle, es suficiente para que esas malas memoria regresen y nos roben nuestra paz.

Yo he tenido que luchar con esto.

Hace unos años atrás, cuando mi hijo mayor había recién obtenido su licencia de conducir, resulta que una mañana muy temprano cuando conducía camino a su escuela por una de las autopistas de San Diego, se vió de repente envuelto en un accidente que involucraba tres autos.

Yo recuerdo que apenas hacía unos minutos él se había ido cuando de pronto sonó el timbre de mi teléfono. En ese mismo instante mi mente comenzó a trabajar rápidamente. Levanté el teléfono y la primera pregunta a mi hijo fue: *¿Estás bien?*

Mi hijo respondió con voz asustada al otro lado del teléfono: *"Sí, estoy bien. Acabo de tener un accidente en la autopista, pero estoy bien, salí caminando, aunque creo que mi auto es pérdida total".*

Mi primera expresión fue: *"Gloria a Dios... eso es lo importante, el auto se puede reemplazar".*

Ese día alabé a Dios porque preservó la vida de mi hijo y lo sacó con bien de un grande accidente.

Ya ha pasado tiempo. No ha habido accidentes. Sin embargo, hace poco tiempo sonó de nuevo el teléfono temprano en la mañana, y en cuestión de fracciones de segundo, el miedo se quizo apoderar de mi. Lo primero que mi mente me dijo fue: *"Otro accidente".*

Gracias a Dios no era nada. No recuerdo la razón de esa llamada, pero se que fue algo de poca importancia; pero el agrio recuerdo de algo que sucedió en el pasado, ahora intenta molestar mi paz.

Yo no puedo vivir preocupado. Tampoco puedo estar nervioso cada vez que suena el teléfono.

Eso no es vivir. Por lo tanto me rehúso a ser atado por las malas experiencias del pasado.

Para permanecer libre de miedo, debo confiar en su palabra.

Su palabra no me promete que no habrán malas noticias, pero me ayuda a no tener temor de ellas, porque cualquier cosa que pase en mi vida, estoy seguro que Dios tiene todo bajo control.

Para mantenerme libre del temor de malas noticias existen dos verdades bíblicas que me aseguran que todo está bien.

1- TODO SUCEDE PARA BIEN

Y sabemos que a los que aman a Dios, todas las cosas les ayudan a bien, esto es, a los que conforme a su propósito son llamados. Rom 8:28

2- TODO ESTÁ BAJO SU CONTROL

¿No se venden cinco pajarillos por dos cuartos? Con todo, ni uno de ellos está olvidado delante de Dios. Pues aun los cabellos de vuestra cabeza están todos contados. No temáis, pues; más valéis vosotros que muchos pajarillos. Lc 12:6,7

Ese texto nos indica que Dios está en control, y esto es basado en SU soberanía. No hay cosa que traiga más paz a nuestras vidas que un claro conocimiento de lo que es la Soberanía de Dios[8].

La Confesión de fe de Westminster dice: *"Dios desde la eternidad, por el sabio y santo consejo de su voluntad, ordenó libre e inalterablemente todo lo que sucede.[9]"*

Entonces, hoy tu y yo decidimos que no vamos a estar anticipando cosas malas. No tendremos temor de malas noticias, y más bien, estaremos con gran expectación de cosas buenas, pues nuestro Padre tiene buenos planes para nosotros.

8

TUS GIGANTES VAN A CAER... SIEMPRE

Si te paras a observar lo grande de tus problemas y los recursos que en el presente tienes en tus manos para enfrentarlos, es muy posible que entres en un profundo desánimo *(más en el capítulo que sigue)*.

> *Volvieron los filisteos a hacer la guerra a Israel, y descendió David y sus siervos con él, y pelearon con los filisteos; y David se cansó. E Isbi-benob, uno de los descendientes de los gigantes, cuya lanza pesaba trescientos siclos de bronce, y quien estaba ceñido con una espada nueva, trató de matar a David; mas Abisai hijo de Sarvia llegó en su ayuda, e hirió al filisteo y lo mató. Entonces los hombres de David le juraron, diciendo: Nunca más de aquí en adelante saldrás con nosotros a la batalla, no sea que apagues la lámpara de Israel. 2 Samuel 21:15-17*

Cuando vemos este evento en la vida de David, podemos ver claramente la manera en que Dios hace caer a los gigantes que se levantan contra ti. También aprenderemos a estar alertas, pues estos gigantes vendrán contra ti en estaciones o momentos muy específicos de vulnerabilidad en tu vida. Toma las siguientes dos verdades en cuanto a gigantes y medita en ellas.

1- Ten cuidado del cansancio. Los gigantes vienen a tu vida en el momento en que tus defensas *(espiritualmente hablando)* están más bajas *(v.15...y David se cansó).*

2- Dios siempre pondrá gente en tu vida para que te ayude a vencer los gigantes *'solo no puedes' (v.17... mas Abisai hijo de Sarvia llegó en su ayuda).*

La fe dicta de que nosotros caminemos siempre con la certeza de que Dios está con nosotros y no importa el tamaño del problema o la situación que venga contra nosotros. Dios no permitirá nuestra destrucción.

Hoy caminamos con gran expectación de que *"gigantes caen"* y somos más que vencedores en Cristo.

Dios es más grande que todos los gigantes.

Por tan grande que parezca ese gigante, tu Dios es aún más grande.

Jehová saldrá como gigante, y como hombre de guerra despertará celo; gritará, voceará, se esforzará sobre sus enemigos. Isaías 42:13

Mas Jehová está conmigo como poderoso gigante; por tanto, los que me persiguen tropezarán, y no prevalecerán; serán avergonzados en gran manera, porque no prosperarán; tendrán perpetua confusión que jamás será olvidada. Jeremías 20:11

A veces, cuando vienen tormentas grandes a nuestra vida, tenemos la tentación de dejarnos atemorizar. Este temor pudiera provocar que hagamos escenarios en nuestra mente en los cuales comencemos a esperar malos resultados.

Es como el efecto dominó. La pérdida inesperada de tu empleo, te puede hacer pensar que al no tener la entrada fija de dinero con que has sostenido tu casa, ahora la puedes perder.

Sin embargo, tu eres un hijo o una hija de Dios, ÉL nunca te ha abandonado, y no lo hará ahora.

Es muy posible que Dios te esté preparando un futuro mejor en otra empresa o quizá está acomodando todo para que puedas esta vez dedicarte a cumplir con el llamado que tu empleo anterior no te permitía desarrollar.

Traer preocupación y permitir que el miedo se apodere de tu situación solamente te hará sufrir más, te traerá angustia innecesaria.

Yo te animo hoy, a que en medio de la prueba, por tan gigantesca que esta aparezca, te mantengas con gran expectación de que Dios hará el milagro. El derribará los gigantes en tu vida.

Sigue creyendo que Dios tiene buenos planes para tu vida, pues eso es una promesa, no importa lo que las circunstancias quieran dictar.

9

MISERICORDIA PARA UN DÍA

Por la misericordia de Jehová no hemos sido consumidos, porque nunca decayeron sus misericordias. Nuevas son cada mañana; grande es tu fidelidad. Lam 3:22,23

La tentación de *'preocuparnos por el futuro'* puede ser una amenaza presente.

Sin embargo, Dios te da nuevas misericordia cada día.

🔊 Y Dios te da misericordia para HOY solamente. Por eso, si piensas en cómo enfrentarás mañana con los recursos que tienes hoy en tu mano, solo te traerás preocupación[10].

Ya Dios te suplió para HOY. Da Gracias. Mañana te dará una nueva misericordia.

Necesitas confiar en *"las misericordias de Dios"* para HOY.

DEJANDO ATRÁS EL PASADO

Vivir en el pasado te traerá culpas, remordimientos, y este tipo de sentimientos pueden afectar grandemente avanzar hacia el futuro. Debemos dejar el pasado en el pasado.

Si hay cosas del pasado que te afectan todavía. Errores que cometiste. Pecados. Malas decisiones.... esto se resolverá en el momento en que recibas lo que Dios ya hizo por tí.

Si el sacrificio perfecto de Cristo en la cruz, fue suficiente para pagar por la demanda de ese pecado, *"y lo fue"*, entonces debes por fe recibirlo.

Una vez que recibas ese perdón, debes entender que ya ese pasado fue borrado de la mente de Dios — quien único te hubiera podido acusar.

Dios no se acuerda de tus errores, pecados y malas decisiones del pasado.

Porque seré propicio a sus injusticias, Y nunca más me acordaré de sus pecados y de sus iniquidades. Hebreos 8:12

...añade: Y nunca más me acordaré de sus pecados y transgresiones. Hebreos 10:17

El futuro está fuera de tu control

Caminar por fe consiste en confiar en un Dios soberano.

Dios tiene control de todas las cosas. ÉL ha diseñado aún la salida de tu problema *(que está en el futuro)* aun antes que el problema comience.

> *...fiel es Dios, que no os dejará ser tentados más de lo que podéis resistir, sino que dará también juntamente con la tentación la salida, para que podáis soportar. 1 Corintios 10:13*

Note que dice esta traducción que la salida será dada junto con la tentación *(en el griego la raíz de la palabra tentación, también se puede traducir prueba)*.

Es decir, aunque tú no veas la salida de la prueba en que estás, ya Dios la ordenó.

Entonces, no hay necesidad de preocuparnos por el futuro.

Solamente tenemos HOY, y Dios nos da para HOY una nueva misericordia.

Conociendo esto, podemos amanecer cada día confiados, y sin la preocupación de mañana, sabiendo que Dios nos ha dado una nueva misericordia para este día.

Hoy, esperamos cosas buenas de parte de Dios.

10

ACTUALIZANDO NUESTRA MANERA DE PENSAR

Cada vez que Dios te va a llevar a un nuevo nivel, tendrás que hacer nuevos ajustes.

🗩 Lo que nos llevó del punto A al punto B, no será suficiente para llevarnos al punto C.

Elías había encontrado su lugar ideal. No tenía que esforzarse. No tenía que hacer nada. Dios diariamente le enviaba cuervos con pan y carne para que le alimentasen y tomaba agua del arroyo.

Eso suena como un perfecto lugar para jubilarnos y estar cómodos para el resto de nuestra vida.

Pasados algunos días, se secó el arroyo...
1 Reyes 17:7

Entonces el arroyo se secó. Lo que había mantenido

a Elías hasta este punto, no podría llevarlo el resto del camino.

Aquello que le ayudó a sobrevivir la sequía durante un tiempo, era solamente temporal. Elías se vió obligado al cambio.

> *Vino luego a él palabra de Jehová, diciendo:*
> *Levántate, vete a Sarepta de Sidón, y mora*
> *allí; he aquí yo he dado orden allí a una mujer*
> *viuda que te sustente. 1 Reyes 17:8,9*

Muchos hemos vivido en sequía espiritual. Solamente sobreviviendo. Asustados, preocupados, y con temor.

🗨 Si HOY se seca el arroyo, debemos estar seguros que ya Dios ha preparado a una viuda para hacer que suceda un milagro.

DE EGIPTO A LA TIERRA PROMETIDA

Lo que sacó al pueblo de Israel de Egipto no fue suficiente para introducirlos en la tierra prometida.

Sí. Fue la mano poderosa de Dios la que los sacó de Egipto con grandes milagros y demostraciones del poder de Dios, y usted pudiera decir: *"El mismo Dios que me trajo hasta aquí, me llevará el resto del camino"*, y sí, Dios estará con usted el resto del camino, Dios no cambia, pero las herramientas, el método, y nuestra disposición para entender su voluntad y tener la sabiduría y el valor para seguirla, son otras cosas totalmente diferentes.

Dios sacó a su pueblo de Egipto sobrenaturalmente y los alimentó en el desierto sobrenaturalmente, pero a la hora de entrar en la tierra prometida las cosas cambiaron.

El maná que los había alimentado, ya no estaban ahí.

Dios los había llevado a otro nivel, y en este nuevo nivel, ellos debían desarrollar aquello para lo que habían sido preparados por 40 años.

Se requería otro nivel de fe. Ahora tenían que marchar. Debían poseer la tierra, y Dios los iba a ayudar, pero no iba a hacerlo por ellos. Ellos tendrían que poseerla.

Y el maná cesó el día siguiente, desde que comenzaron a comer del fruto de la tierra; y los hijos de Israel nunca más tuvieron maná... Josué 5:12

🗨 Hasta ahora, el maná te ha sostenido, pero ya cesó... Lo que nos llevó del punto A al punto B, no será suficiente para llevarnos al punto C. Ahora tendrás que marchar, deberás afilar tus sentidos y aprender cómo se hace en este nuevo nivel.

Dios tiene cosas buenas para nuestras vidas, pero la manera en que hemos visto esos beneficios hasta ahora solo nos ha avanzado hasta un límite. Debemos estar dispuestos a cambiar nuestra *"antigua manera"* de pensar para recibir cosas nuevas.

> *...pero el alimento sólido es para los que han alcanzado madurez, para los que por el uso tienen los sentidos ejercitados en el discernimiento del bien y del mal...* Hebreos 5:14

> *No os conforméis a este siglo, sino transformaos por medio de la renovación de vuestro entendimiento, para que comprobéis cuál sea la buena voluntad de Dios, agradable y perfecta. Romanos 12:2*

En esta etapa de tu vida, es necesario que renueves tu entendimiento. Si es necesario, debemos hacer cambios en nuestra manera de pensar.

Quizá, antes vivías con preocupaciones y miedos, poniendo la vista en las limitaciones que este mundo y las circunstancias ponen delante de nosotros.

Pero ya no será así. En esta nueva etapa de nuestra vida, entendemos todo el bien que Dios tiene para nosotros. Si antes veías a Dios como un ser enojado, castigador, a quien temías acercarte; ya no lo verás así.

Ahora aceptaremos el amor y todos los buenos planes que Dios tiene para nuestra vida.

Para aceptar y creer que Dios tiene cosas buenas para nuestra vida es necesario que actualicemos nuestra manera de pensar y la ajustemos a lo que Dios ha prometido para nosotros.

Actualizamos nuestra mentalidad en este día para vivirlo con gran expectación de cosas buenas.

11

ESTO TAMBIÉN PASARÁ

El cielo y la tierra pasarán, pero mis palabras no pasarán. Mateo 24:35

C.S. Lewis[11] dijo:

Si descubrimos un deseo dentro de nosotros que nada en este mundo puede satisfacer, deberíamos preguntarnos si es que acaso hemos sido creados para otro mundo.

En todo lo que concierne a cosas terrenales, *"todo es temporal"*.

Esto también pasará[12].

Tanto la angustia como la victoria. Ambas son pasajeras, y no debemos quedarnos anclados en ninguna de las dos.

Tu sufrimiento pasará. Tu prueba pasará. Tus emociones negativas, depresiones, ansiedades, miedos, tentaciones, deseos compulsivos —todo pasará.

Entonces, es una estrategia *"esperar"* que pasen.

🗨 Alguien dijo: *"Si no puedes conquistar a tu enemigo, entonces trata de vivir más tiempo que él"*.

No permitas que una circunstancia presente dicte lo que tu crees y puedes esperar de parte de Dios.

El texto que leímos anteriormente nos asegura que *"su palabra no pasará"*. Entonces podemos confiar en sus promesas escritas, pues estas no cambian.

Esa situación pasará, pero Dios no. Tu Dios, no cambia. En ÉL no hay mudanza ni sombra de variación.

Toda buena dádiva y todo don perfecto desciende de lo alto, del Padre de las luces, en el cual no hay mudanza, ni sombra de variación. Santiago 1:17

12

NO PERMITAS QUE OTROS DEFINAN LO QUE DIOS TIENE PARA TÍ

Una buena manera de arruinar tu día, es permitir que las emociones y comportamientos de otros dicten lo que tu puedes esperar de Dios.

CARÁCTER PARA RECIBIR

Tu victoria *(promoción, abundancia)*, el punto donde recibes recompensa por todo el sacrificio y ardua labor. El día que Dios te lleva delante de los grandes o el momento en que evidentemente notas haber dejado atrás un nivel y entrado por el umbral de algo mucho mayor... en ese día...

1- Algunos se preguntarán ¿Por qué él y no yo?

2- Cuestionarán tu capacidad para estar donde estás. Al cabo ellos están seguramente más equipados que tu para estar ahí.

3- Se quejarán *(audiblemente o en secreto)* por el hecho de que tu no te mereces haber sido promovido puesto que de seguro ellos han sido más obedientes y mejor cristianos que tu *(por supuesto, conforme a obras)*.

> *He visto asimismo que todo trabajo y toda excelencia de obras despierta la envidia del hombre contra su prójimo. También esto es vanidad y aflicción de espíritu. Eclesiastés 4:4*

Sin embargo, Dios ha tenido favor contigo. Y, Dios es soberano y en su propio consejo ha decidido mostrar su misericordia contigo.

Por eso es que necesitamos carácter en el día de esa victoria. Carácter para vestirte con esa túnica de colores aunque tus hermanos quieran echarte en una fosa.

> *Y amaba Israel a José más que a todos sus hijos, porque lo había tenido en su vejez; y le hizo una túnica de diversos colores...*

> *Sucedió, pues, que cuando llegó José a sus hermanos, ellos quitaron a José su túnica, la túnica de colores que tenía sobre sí; y le tomaron y le echaron en la cisterna; pero la cisterna estaba vacía, no había en ella agua. Génesis 37:3,23,24*

El favor de Jacob sobre José despertó la envidia de sus hermanos. Y José sufrió mucho a causa de ello. Sin embargo, eventualmente Josué recibió todas las cosas buenas que Dios había preparado para él.

Dijo además Faraón a José: He aquí yo te he puesto sobre toda la tierra de Egipto.

Entonces Faraón quitó su anillo de su mano, y lo puso en la mano de José, y lo hizo vestir de ropas de lino finísimo, y puso un collar de oro en su cuello...

Y dijo Faraón a José: Yo soy Faraón; y sin ti ninguno alzará su mano ni su pie en toda la tierra de Egipto. Génesis 41:41,42,44

El hecho de que algunas personas se molesten contigo es una buena señal de que Dios está mostrando su favor en tu vida, y estás siendo promovido.

Ese es uno de los estragos del éxito.

El hombre que quiere contemplar frente a frente la gloria de Dios en la tierra, debe contemplar esta gloria en la soledad.
-Edgar Allan Poe (1809-1849)

Camina en SU favor y no te dejes intimidar. No permitas que otros afecten tu gran expectación de cosas buenas.

AHORA QUE YA SE ESTO

Estoy convencido de que Dios tiene buenos planes para tu vida. Lo he repetido de diferentes formas durante este sencillo libro.

Hemos aprendido a identificar los ladrones que nos roban vivir en gran expectación de cosas buenas. También hemos aprendido a creer lo que Dios nos ha dado por medio del perfecto sacrificio de Cristo en la cruz. Entendemos que ese sacrificio[13] no solo me asegura vida eterna, también nos a puesto en una posición donde Dios no nos ve culpables sino redimidos, limpios y sin mancha delante de él.

Con esa libertad de conciencia, podemos recibir sin miedo el gran amor que Dios quiere demostrar por medio de nuestras vidas... vidas llenas de gozo, de paz y de realización de que *el que comenzó la buena obra en nosotros la va a perfeccionar (Fil 1:6),* y mientras que ese proceso de santificación[14] sucede, podemos vivir confiados y llenos de gran expectación de cosas buenas.

¡Gózate! Dios tiene para tí lo mejor.

NOTAS:

1- Salvación se recibe solamente por gracia. Aun la fe que necesitamos para creer en Jesucristo nos es dada. Entonces nuestras esfuerzos, obras u obediencia no pudieron salvarnos. Porque por gracia sois salvos por medio de la fe; y esto no de vosotros, pues es don de Dios... Efesios 2:8

2- Dios nos ve limpios y sin mancha, por el perfecto sacrificio de Cristo en la cruz, quien tomó nuestro lugar y a cambio nos dió su justicia. "en su cuerpo de carne, por medio de la muerte, para presentaros santos y sin mancha e irreprensibles delante de él... Colosenses 1:22"

3- Sentimiento de Culpa. El sentimiento de culpa es una de las emociones más destructivas, y la mayoría de las personas la experimentamos en mayor o menor grado, tanto si es por algo que hemos hecho como por algo que no hemos sido capaces de hacer. No es un sentimiento agradable, por eso, cuando alguien nos pide algo que no queremos hacer, dudamos antes de negarnos por que tememos volver a experimentar ese terrible sentimiento. http://www.inteligencia-emocional.org/cursos-gratis/como-tratar-personas-dificiles/el_sentimiento_de_culpa.htm (Capturado Julio 23, 2015)

Las raíces de la culpa pueden rastrearse hasta la infancia; sobre todo si la persona tuvo que lidiar con padres o profesores que les hacían sentir culpables por cualquier cosa que hiciese mal. http://www.rinconpsicologia.com/2011/05/el-sentimiento-de-culpa-entenderlo-para.html (Capturado Julio 23, 2015)

4- Tu pecado ha sido quitado. De otra manera le hubiera sido necesario padecer muchas veces desde el principio del mundo; pero ahora, en la consumación de los siglos, se presentó una vez para siempre por el sacrificio de sí mismo para quitar de en medio el pecado... Hebreos 9:26

5- El antiguo pacto estaba predicho que habría de desaparecer. "Al decir: Nuevo pacto, ha dado por viejo al primero; y lo que se da por viejo y se envejece, está próximo a desaparecer. Hebreos 8:13"

6- Prohibiciones y prácticas religiosas fueron impuestas hasta que el tiempo de ese pacto llegara a su fin. "ya que consiste sólo de comidas y bebidas, de diversas abluciones, y ordenanzas acerca de la carne, impuestas hasta el tiempo de reformar las cosas. Hebreos 9:10"

7- Esta ilustración del Elefante y el Ladrillo la había escuchado en algún lugar ya hace mucho tiempo y no recuerdo la fuente. Es por eso que no puedo acreditar al autor. Encontré una mención de una ilustración parecida firmada por Jorge Bucay (Recuentos para Demián) http://www.leonismoargentino.com.ar/RefElefante.htm (Capturado Julio 23, 2015) Otro ilustración que hace parecida referencia: http://www.exito360.com/308/el-imponente-elefante-y-la-pequena-cadena/

8- La doctrina de la Soberanía de Dios. "Nuestro Dios está en los cielos y puede hacer lo que le parezca Salmo 115.3"

9- *Confesión de Fe de Westminster, capítulo III.*

La Confesión de Fe de Westminster es un breve resumen teológico apologético del credo cristiano protestante calvinista promulgado en 1646. *Confessio Fidei Westmonasteriensis. Ver el completo documento.* http://www.ccel.org/ccel/schaff/creeds3.iv.xvii.ii.html

10- *Mercy for Today by John Piper Sacado de Solid Joy Daily Devotionals by John Piper Devotional for April 16 © 2015 Desiring God*

11- *Clive Staples Lewis (1898–1963) was one of the intellectual giants of the twentieth century and arguably one of the most influential writers of his day. He was a Fellow and Tutor in English Literature at Oxford University until 1954, when he was unanimously elected to the Chair of Medieval and Renaissance Literature at Cambridge University, a position he held until his retirement.* https://www.cslewis.com/us/about-cs-lewis *(Capturado Julio 23, 2015)*

12- *"Esto también pasará" (persa:* اين نيز بگذرد , *árabe:* لا شيء يدوم , *hebreo:* גם זה יעבור) *es un adagio que indica que todas las condiciones materiales, positivas o negativas, son temporales. La frase parece tener su origen en los escritos de los poetas medievales persa sufí, y con frecuencia se une a una fábula de un gran rey que se humilló por las simples palabras. Taylor, Archer (1968). "This Too Will Pass (Jason 910Q)". In Harkort, F.; Peeters, K. C.; and Wildhaber, R. Volksüberlieferung: Festschrift für Kurt Ranke. Göttingen: Schwartz. pp. 345–350. The Quote Verifier: Who Said What, Where, and When By Ralph Keyes*

13- El trabajo de justificación es ya una obra completada en nuestras vidas por medio del sacrificio completo de Cristo en la cruz "porque con una sola ofrenda hizo perfectos para siempre a los santificados. Hebreos 10:14" sin embargo el trabajo de santificación en nosotros es un proceso.

14- Santificación consiste en el Espíritu Santo trabajando con nuestra obediencia (Colosenses 3:1-14). Santificación no ocurre en un instante. Comienza cuando venimos a Cristo y el proceso dura toda la vida.
Santificación es además un proceso de renovación. "No os conforméis a este siglo, sino transformaos por medio de la renovación de vuestro entendimiento, para que comprobéis cuál sea la buena voluntad de Dios, agradable y perfecta. Rom 12:2"

DESARROLLOS EDUCATIVOS
CONCENTRACIONES MASIVAS
MISIONES HUMANITARIAS

AGILIZANDO LA COSECHA

ASOCIACIÓN JA PÉREZ

INTEGRACIÓN DE NUEVOS
MOLDES Y ALTERNATIVAS QUE
AGILIZAN LA COSECHA GLOBAL

FESTIVALES

El festival *República de Gozo*™ es una celebración en grande, con arte, cultura, música y mucho más. Es un festival de vida que no es religioso sin embargo celebra y exalta a Jesucristo.

En un ambiente sano, para la familia con kioscos y talleres diarios con ayuda inmediata y programas de larga duración se hace un trabajo social responsable que dejará resultados en el área cubierta. Esto acompañado de conciertos y presentaciones que traen verdadero gozo y nos muestran el propósito para el cual fuimos creados.

Cada noche se lleva a cabo una concentración masiva donde se entrega el mensaje de salvación y esta es seguida por un concierto donde jóvenes y adultos se unen a celebrar y adorar a Jesucristo.

ENTRENAMIENTO

En la *Escuela de Evangelismo Creativo*™ el objetivo es enseñar a comunicar el Evangelio de Jesucristo por medios originales y creativos que envuelven música, artes, deportes, cultura o cualquier otro elemento imaginativo así como entrenar nacionales para discipular a los nuevos creyentes, resultados de cosecha del festival.

Desde la preparación de un festival (meses antes del evento) hasta el seguimiento (meses después del evento), los evangelistas de la *Escuela de Evangelismo Creativo*™ toman parte activa en la propagación del Evangelio en su respectiva ciudad.

MISIONES HUMANITARIAS

Una misión humanitaria une a aquellos que han sido grandemente exitosos con los menos privilegiados de la sociedad. Por este medio, nos enfocamos en los pobres de cada ciudad o región, aquellos que han sido dañados por alguna catástrofe, o simplemente han crecido en un ambiente que carece de oportunidades.

El alcance consiste no solo en el auxilio rápido a una necesidad inminente. También organiza programas no solo para ayudar al que tiene hambre, sino que aparte de eso, lo involucra y enseña poniendo en sus manos herramientas para que se pueda valer por sí mismo y le educa para sacar a su familia hacia una mejor forma de vida.

¡Toma un equipo para levantar una cosecha!

Las preparaciones para un festival toman meses. En la semana del evento el equipo llega a trabajar con los oriundos en entrenamiento y preparando a las iglesias para el impacto, además de toda la logística en estadio.

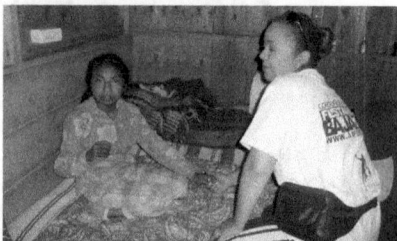

Amando a la ciudad

Antes que comience un festival, miembros del equipo visitan y ministran en escuelas, orfanatos y áreas de pobreza y grande riezgo donde la misión humanitaria tomará lugar. Además equipos de evangelismo trabajan en las calles de la ciudad.

Equipando a los oriundos

Cuatro semanas antes de un evento, la *Escuela de Evangelismo Creativo*™ es llevada a cabo. Los nacionales son entrenados con el material de *Transformación de Ciudad*™ que incluirá 12 semanas de seguimiento y discipulado una vez terminado el festival. Además de crear una cultura de evangelismo en la ciudad, ellos aprenderán a como cuidar a los nuevos creyentes.

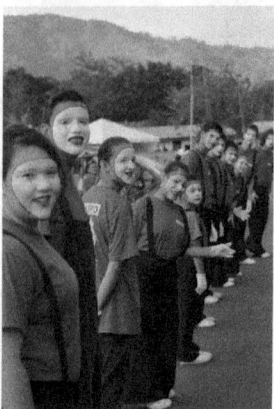

Intercambio Cultural™

En el festival, el *Intercambio Cultural*™ une talentos
nacionales e internacionales en la gran plataforma,
con música, drama, danzas folcróricas y muchas
otras artes.

Festival de Niños

Mimos, payasos, danzas y muchas otras formas creativas de presentar las buenas nuevas a los niños son usadas por miembros del quipo provenientes de otros países trabajando con los nacionales.

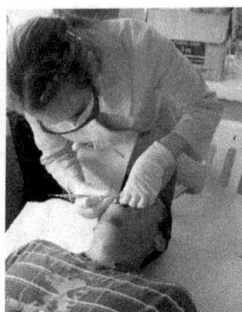

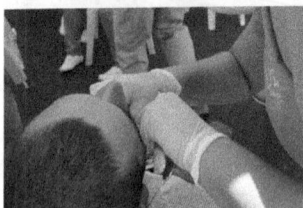

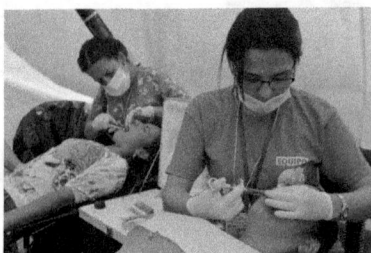

Trabajo Humanitario

En cada evento, Doctores en medicina,
Odontólogos, y Consejeros familiares
sirven juntos a los necesitados de
la ciudad. Durante el día —en el
estadio— estos asisten en carpas a las
necesidades, no solo físicas, también
espirituales. Muchos vienen a Cristo
durante el día, lo cual forma gran parte
de la cosecha general. Demostrar el
amor de Cristo por medio de servicio
práctico es un elemento clave en un
alcance de ciudad.

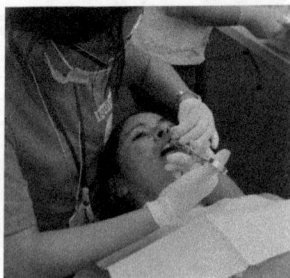

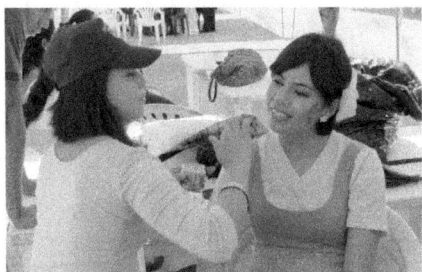

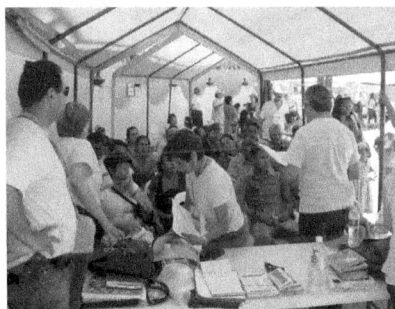

Ministerios Específicos

Carpas con talleres para la familia,
madres solteras, mujeres maltratadas,
adicciones, etc... operan durante
el día en el estadio. El mensaje de
Cristo es presentado y muchos son
alcanzados de esta manera.
Nuestra meta es siempre alcanzar a
todas las audiencias y generaciones
categorizadas por interes y grupos
de edades.

Proclamación

JA Pérez entrega el mensaje y hace el llamado cada noche. Cientos pasan a recibir a Cristo y esto es seguido por la integración donde todos los estudiantes que han sido entrenados en la EEC los recibirán por zonas para llevarlos a las iglesias y ocuparse de sus necesidades inmediatas.

La Cosecha

Cuando una ciudad o provincia es impactada, con frecuencia gobernantes y líderes nacionales —senadores y congresistas— asisten al evento y reconocen el movimiento, pero los frutos mayores del proyecto completo son las miles de vidas que son transformadas por el poder del evangelio. Ese es el principal propósito de todo — predicar a Cristo.

Otros libros por JA Pérez

JA Pérez ha escrito más de 25 libros y manuales de entrenamiento. Todos sus libros están disponibles en Amazon.com así como en librerías y tiendas mundialmente. Libros con temas para la familia, empresa, liderazgo, economía, profecía bíblica, devocionales, inspiracionales, evangelismo y teología.

Profecía Bíblica

Devocionales

Discipulado para Nuevos Creyentes y Estudios de Grupos

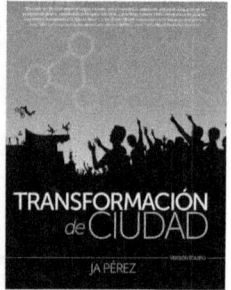

Liderazgo, Gobierno y Diplomacia

Inspiración y Creatividad en Liderazgo

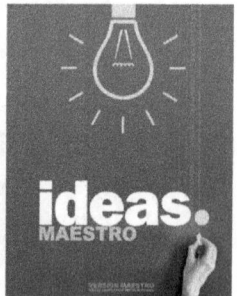

Vida Cristiana, Crecimiento, Principios de Vida y Relaciones

Ficción, Historietas

Evangelismo

Colaboración

English

Evangelism and Collaboration

Contacte / siga al autor

Blog personal y redes sociales

japerez.org/blog

@japereznow

facebook.com/japereznow

Asociación JA Pérez

japerez.org

agenda@japerez.org

Keen Sight Books